DURCH DEN WALD

NELE PALMTAG

DURCH DEN WALD

KUNSTANST!FTER

Am Ende der Siedlung steht das Haus von Frau Lieb,
sie wohnt hier mit Kater, Pudel und Piep.
Weil Frau Lieb sich viele Sorgen macht,
wird die Zeit vor allem im Haus verbracht.

Und wenn dann doch mal einer muss?
Niemals allein raus! – Immer: »Bei Fuß!«
Mit Fleiß wird hier das Haus gepflegt,
die Tiere werden verwöhnt und gehegt.

Doch irgendetwas ist anders heut Morgen,
des Nachts ist Frau Lieb ganz unruhig geworden.
Was wühlt sie denn zwischen Kissen und Decke?
Ach, sie sucht ihre silberne Kette!
Die trägt sie sonst immer am Dekolleté
in Erinnerung an glücklichste Zeiten, oje!
Den Glücksbringer hat sie gestern verlegt,
DESHALB ist sie so aufgeregt!

Wo mag er nur sein? Auf dem Schrank obendrauf?
Sie steigt die wacklige Leiter hinauf.
Doch dann geht's auf einmal furchtbar schnell,
die Leiter kippt: Geschrei und Gebell!
Oh weh! Sie stürzt! Jetzt nur nicht verzagen,
ein Anruf – und schon kommt der Rettungswagen.
Ins Krankenhaus muss sie, womöglich ins Heim?
Die Tiere zu Hause sind plötzlich allein.

»Wer gibt uns zu fressen? Wer streichelt uns jetzt?«,
so fragen sich Kater und Pudel entsetzt.

Piep wird ganz hektisch: »Schaut doch mal! Hier!
Da liegt ja die Kette! Die bringen wir ihr!«

»Oje«, brummt der Kater, »ICH soll mich bewegen?«
Der Hund will sich auch erst die Locken legen.

Verzweifelt ruft Piep: »Was macht ihr denn nur?
Wir müssen rasch los, sonst verliern wir die Spur.«

Na gut, also immer dem Wagen nach!
Doch der ist zu schnell und die Beine zu schwach.

Mit einem Mal sind sie mitten im Wald,
dort ist es dämmrig, es knackt und ist kalt.
Sie stolpern zögernd den Pfad entlang,
sie sind erschöpft, ängstlich und bang.
Ein Wispern. Ein Kratzen. Ein Gurren von hier?
Doch zu sehen ist bisher kein einziges Tier.

Los, strafft eure Schultern, denn das sei gesagt:
     Hier kommt nur weiter, wer wirklich was wagt!

   Kaum sind die Augen ans Dunkel gewöhnt,
      wird sichtbar, dass jemand am Baumstamm lehnt.

Ein Riese stellt sich ihnen entgegen,
höhnisch grunzend und ganz schön verwegen.

»Die Püppchen der Siedlung! Ihr traut euch hier raus?
Ganz allein unterwegs? So weit weg von zu Haus?«

»Wir laufen doch unsrer Frau Lieb hinterher,
sie hat sich verletzt an den Beinen, ganz schwer.
Sie kommt ins Spital und womöglich ins Heim.«
Der Kater seufzt tief: »Wir sind jetzt allein.«

»Und ohne den Glücksbringer«, stammelt der Hund,
»wird sie vermutlich niemals gesund.«

Der Keiler grinst: »Schiebt rüber, macht schnell!
Der Glitzer passt bestens zu meinem Fell!
Ihr müsst schon drum kämpfen, das sei euch gesagt:
HIER kommt nur weiter, wer wirklich was wagt.
Vergesst doch Frau Lieb, die ist viel zu weit weg,
lernt die Regeln des Waldes und suhlt euch im Dreck!«

Da sehn sie die Rotte gurgeln und schmatzen,
sich gegenseitig die Schwarten kratzen,
wühlend nach Früchten vom Eichenbaum,
die sie verschlingen und rülpsend zerkauen.
Die drei Haustiere flüstern: »Nur weg hier! Welch Graus!«
Die Wildsauen lachen sie schallend aus.

Im Wald wird's nun dunkel, schwarz senkt sich die Nacht,
ein Baumstamm liegt da, beim Sturm umgekracht.
Zerwühlt sind die Locken, zerrissen das Kleid,
zum Jammern bleibt jetzt aber gar keine Zeit.

Ein Plätschern? Ein Rauschen? Der Pudel macht Licht.
Zu hören ist manches, zu sehn aber nicht.
Ein Abgrund tut sich vor ihnen auf,
tief unten hört man den Wasserlauf.
Nur ein morscher, uralter Stamm drüber ragt:
Ja, hier kommt nur weiter, wer wirklich was wagt!

Zuerst der Pudel mit mutigem Tritt,
gefolgt vom Kater mit schwankendem Schritt.
Dass der Kater geklettert, ist lange her,
mit Piep im Käfig tut er sich schwer.

Oh nein! Da kracht ein fauler Ast,
und der Kater wird von den Fluten erfasst.
»Zu Hilfe!«, schreien Piep und Pudel zusammen,
siehe da, jetzt rührt sich was hinter den Tannen.

Nun gibt es im Wald kein Zögern mehr,
laut schallt das Kommando von Fuchs und Bär:
»Los Leute, kommt! Da helfen wir!
Ein verwöhnter Kater ist auch bloß ein Tier!«
Alle Tiere des Waldes packen mit an
und ziehen den Kater samt Piep aus dem Schlamm.

»Wärmt euch rasch auf, hier gibt's was zu fressen,
jetzt lasst uns den ganzen Schlamassel vergessen.
Den Weg zu Frau Lieb, den kennen wir nicht,
der Wald hier ist riesig, finster und dicht.
Nur Mut, Leute, wir müssen schon sagen,
für Haustiere habt ihr euch wacker geschlagen.«

»Und du, kleiner Piep, was hast du denn bloß?
Jetzt ist es an dir, komm raus und flieg los!
Bis hierher wurdest du immer getragen,
willst du nicht selbst mit den Flügeln schlagen?«

Piep guckt erst, zögert, flattert empor.
»Du schaffst das!«, rufen alle im Chor.

Bald schwebt er über den Wipfeln, weit oben,
ist ganz alleine hier raufgeflogen!

»Oh toll, von hier sieht man ja richtig weit!
Los Leute, kommt, seid ihr bereit?
Da hinten seh ich ein Krankenhaus,
dort muss Frau Lieb sein, jetzt immer gradaus.«

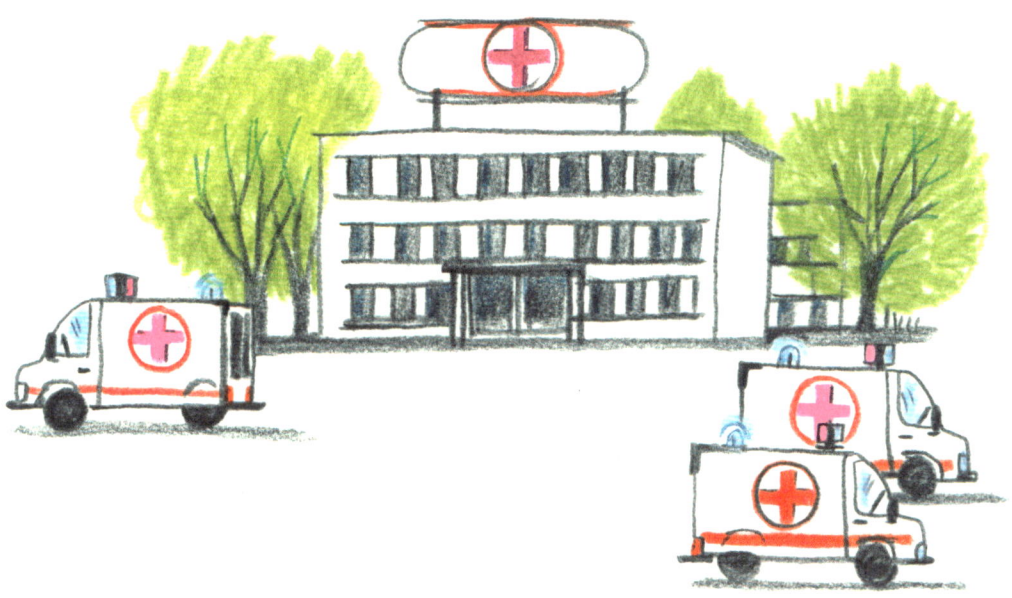

Zu dritt ziehn sie weiter: »Tschüss!« und »Auf bald!«,
schallt es ringsum aus Büschen und Wald.
»Komm doch mal wieder, ich fand es sehr schön,
wir könnten zusammen auf Hühnerjagd gehn.«
»Dieser Fuchs!«, grinst der Pudel ein bisschen empört
und tut so, als hätte er nichts gehört.

Endlich, sie haben Frau Lieb gefunden!
Ihre Beine sind beide dick eingebunden.
Wie schwach sie aussieht, gehüllt in Decken,
die Tiere beschließen, sie aufzuwecken.
»Wir sind's Frau Lieb, schau her, welch ein Glück,
wir bringen dir deine Kette zurück!«

Da wird gezwitschert, geschnurrt und gebellt,
begeistert vom Weg durch den Wald erzählt:
»Weißt du, da draußen«, beteuern die drei,
»war's gar nicht gefährlich, eher wild und frei.«

Am Abend senkt sich Stille aufs Haus.
Die drei drucksen rum, dann platzt es heraus:

»Wir woll'n noch mal los – noch mehr erleben,
es könnte so viel zu entdecken geben!
Keine Sorge, Frau Lieb, wir geben schon acht
und kommen zurück, das ist abgemacht.«

Frau Lieb hebt die Braue, dann lächelt ihr Mund,
sie ist stolz auf Vogel, Kater und Hund.
Zu Hause hätte sie's so nie gesagt:
Es macht Spaß, das Leben, wenn man was wagt!

Mein besonderer Dank gilt bei diesem Buch, welches so lange gegärt, ehe es endlich wurde:
Dani, der mir jeden Tag aufs Neue Herz und Rücken stärkt, meinen Atelier-Kolleginnen Birgit, Karin und Lena,
die mir geduldig ihre Ohren und Augen leihen und mich mit so gutem Essen versorgen, Karin, die mir immer mit
Rat und Tat buchgestalterisch zur Seite steht, meinen Freundinnen Aruna, Isa und Meike fürs Mutmachen.
Meinen Plot-Schwestern, die mich wieder in die Spur gesetzt haben.
Danke an meine Verlegerin Suse Thierfelder für ihr beherztes Ja!
Meiner Agentin Susanne Koppe, die nicht müde wurde, sich für diese Geschichte einzusetzen,
und Nele Sell fürs Lektorat.

Gefördert von der Stiftung Kulturwerk der VG BILD-KUNST, Bonn.
Herzlichen Dank für die Unterstützung meiner Arbeit an diesem Buch.

DANKE

© kunstanstifter GmbH, Mannheim 2017
Alle Rechte vorbehalten. Das Werk darf – auch teilweise – nur mit Genehmigung des Verlages wiedergegeben werden.
Text und Illustration: Nele Palmtag | Satz: Karin Kröll | Lektorat: Nele Sell | Bildbearbeitung: Susan Bauer | Druck und Bindung: Druckerei Thieme, Meißen
Papier: Munken Pure Rough | Schrift: Georgia | Hergestellt in Deutschland
Erste Auflage 2017
ISBN 978-3-942795-56-2

www.kunstanstifter.de